GRöLS Verlage

„BÜCHER SIND WIE FALLSCHIRME. SIE NÜTZEN UNS NICHTS, WENN WIR SIE NICHT ÖFFNEN."

Gröls Verlag

Redaktionelle Hinweise und Impressum

Das vorliegende Werk wurde zugunsten der Authentizität sehr zurückhaltend bearbeitet. So wurden etwa ursprüngliche Rechtschreibfehler *nicht* systematisch behoben, denn kleine Unvollkommenheiten machen das Buch – wie im Übrigen den Menschen – erst authentisch. Mitunter wurden jedoch zum Beispiel Absätze behutsam neu getrennt, um den Lesefluss zu erleichtern.

Um die Texte zu rekonstruieren, werden antiquarische Bücher von Lesegeräten gescannt und dann durch eine Software lesbar gemacht. Der so entstandene Text wird von Menschen gegengelesen und korrigiert – hierbei treten auch Fehler auf. Wenn Sie ebenfalls antiquarische Texte einreichen möchten, finden Sie weitere Informationen auf www.groels.de

Viel Freude bei der Lektüre wünscht Ihnen das Team des Gröls-Verlags.

Adressen

Verleger: Sophia Gröls, Im Borngrund 26, 61440 Oberursel

Externer Dienstleister für Distribution & Herstellung: BoD, In de Tarpen 42, 22848 Norderstedt

Unsere „Edition | Werke der Weltliteratur" hat den Anspruch, eine der größten und vollständigsten Sammlungen klassischer Literatur in deutscher Sprache zu sein. Nach und nach versammeln wir hier nicht nur die „üblichen Verdächtigen" von Goethe bis Schiller, sondern auch Kleinode der vergangenen Jahrhunderte, die – zu Unrecht – drohen, in Vergessenheit zu geraten. Wir kultivieren und kuratieren damit einen der wertvollsten Bereiche der abendländischen Kultur. Kleine Auswahl:

Francis Bacon • Neues Organon • **Balzac** • Glanz und Elend der Kurtisanen • **Joachim H. Campe** • Robinson der Jüngere • **Dante Alighieri** • Die Göttliche Komödie • **Daniel Defoe** • Robinson Crusoe • **Charles Dickens** • Oliver Twist • **Denis Diderot** • Jacques der Fatalist • **Fjodor Dostojewski** • Schuld und Sühne • **Arthur Conan Doyle** • Der Hund von Baskerville • **Marie von Ebner-Eschenbach** • Das Gemeindekind • **Elisabeth von Österreich** • Das Poetische Tagebuch • **Friedrich Engels** • Die Lage der arbeitenden Klasse • **Ludwig Feuerbach** • Das Wesen des Christentums • **Johann G. Fichte** • Reden an die deutsche Nation • **Fitzgerald** • Zärtlich ist die Nacht • **Flaubert** • Madame Bovary • **Gorch Fock** • Seefahrt ist not! • **Theodor Fontane** • Effi Briest • **Robert Musil** • Über die Dummheit • **Edgar Wallace** • Der Frosch mit der Maske • **Jakob Wassermann** • Der Fall Maurizius • **Oscar Wilde** • Das Bildnis des Dorian Grey • **Émile Zola** • Germinal • **Stefan Zweig** • Schachnovelle • **Hugo von Hofmannsthal** • Der Tor und der Tod • **Anton Tschechow** • Ein Heiratsantrag • **Arthur Schnitzler** • Reigen • **Friedrich Schiller** • Kabale und Liebe • **Nicolo Machiavelli** • Der Fürst • **Gotthold E. Lessing** • Nathan der Weise • **Augustinus** • Die Bekenntnisse des heiligen Augustinus • **Marcus Aurelius** • Selbstbetrachtungen • **Charles Baudelaire** • Die Blumen des Bösen • **Harriett Stowe** • Onkel Toms Hütte • **Walter Benjamin** • Deutsche Menschen • **Hugo Bettauer** • Die Stadt ohne Juden • **Lewis Caroll** • *und viele mehr….*

Arthur Schopenhauer

Die Kunst, Recht zu behalten

Inhalt

Eristische Dialektik

Eristische Dialektik ist die Kunst zu disputieren, und zwar so zu disputieren, daß man *Recht* behält, also per *fas et nefas*. Man kann nämlich in der Sache selbst *objective* Recht haben und doch in den Augen der Beisteher, ja bisweilen in seinen eignen, Unrecht behalten. Wann nämlich der Gegner meinen Beweis widerlegt, und dies als Widerlegung der Behauptung selbst gilt, für die es jedoch andre Beweise geben kann; in welchem Fall natürlich für den Gegner das Verhältnis umgekehrt ist: er behält Recht, bei objektivem Unrecht. Also die objektive Wahrheit eines Satzes und die Gültigkeit desselben in der Approbation der Streiter und Hörer sind zweierlei. (Auf letztere ist die Dialektik gerichtet.)

Woher kommt das? – Von der natürlichen Schlechtigkeit des menschlichen Geschlechts. Wäre diese nicht, wären wir von Grund aus ehrlich, so würden wir bei jeder Debatte bloß darauf ausgehn, die Wahrheit zu Tage zu fördern, ganz unbekümmert ob solche unsrer zuerst aufgestellten Meinung oder der des Andern gemäß ausfiele: dies würde gleichgültig, oder wenigstens ganz und gar Nebensache sein. Aber jetzt ist es Hauptsache. Die angeborne Eitelkeit, die besonders hinsichtlich der Verstandeskräfte reizbar ist, will nicht haben, daß was wir zuerst aufgestellt, sich als falsch und das des Gegners als Recht ergebe. Hienach hätte nun zwar bloß jeder sich zu bemühen, nicht anders als richtig zu urteilen: wozu er erst denken und nachher sprechen müßte. Aber zur angebornen Eitelkeit gesellt sich bei den Meisten Geschwätzigkeit und angeborne *Unredlichkeit*. Sie reden, ehe sie gedacht haben, und wenn sie auch hinterher merken, daß ihre Behauptung falsch ist und sie Unrecht haben; so soll es doch *scheinen*, als wäre es umgekehrt. Das Interesse für die Wahrheit, welches wohl meistens bei Aufstellung des vermeintlich wahren Satzes das einzige Motiv gewesen, weicht jetzt ganz dem Interesse der Eitelkeit: wahr soll falsch und falsch soll wahr scheinen.

Jedoch hat selbst diese Unredlichkeit, das Beharren bei einem Satz, der uns selbst schon falsch scheint, noch eine Entschuldigung: oft sind wir anfangs von der Wahrheit unsrer Behauptung fest überzeugt, aber das Argument des Gegners scheint jetzt sie umzustoßen; geben wir jetzt ihre Sache gleich auf, so finden wir oft hinterher, daß wir doch Recht haben: unser Beweis war falsch; aber es konnte für die Behauptung einen richtigen geben: das rettende Argument war uns nicht gleich beigefallen. Daher entsteht nun in uns die Maxime, selbst wann das Gegenargument richtig und schlagend scheint, doch noch dagegen anzukämpfen, im Glauben, daß dessen Richtigkeit selbst nur scheinbar sei, und uns während des Disputierens noch ein Argument, jenes umzustoßen, oder eines, unsre Wahrheit anderweitig zu bestätigen, einfallen werde: hiedurch werden wir zur Unredlichkeit im Disputieren beinahe genötigt, wenigstens leicht verführt. Diesergestalt unterstützen sich wechselseitig die Schwäche unsers Verstandes und die Verkehrtheit unsers Willens. Daraus kommt es, daß wer disputiert, in der Regel nicht für die Wahrheit, sondern für seinen Satz kämpft, wie *pro ara et focis,* und *per fas et nefas* verfährt, ja wie gezeigt nicht anders kann.

Jeder also wird in der Regel wollen seine Behauptung durchsetzen, selbst wann sie ihm für den Augenblick falsch oder zweifelhaft scheint. Die Hilfsmittel hiezu gibt einem jeden seine eigne Schlauheit und Schlechtigkeit einigermaßen an die Hand: dies lehrt die tägliche Erfahrung beim Disputieren; es hat also jeder seine *natürliche Dialektik,* so wie er seine *natürliche Logik* hat. Allein jene leitet ihn lange nicht so sicher als diese. Gegen logische Gesetze denken, oder schließen, wird so leicht keiner: falsche Urteile sind häufig, falsche Schlüsse höchst selten. Also Mangel an natürlicher Logik zeigt ein Mensch nicht leicht; hingegen wohl Mangel an natürlicher Dialektik: sie ist eine ungleich ausgeteilte Naturgabe (hierin der Urteilskraft gleich, die sehr ungleich ausgeteilt ist, die Vernunft eigentlich gleich). Denn durch bloß scheinbare Argumentation sich konfundieren, sich refutieren lassen, wo man eigentlich Recht hat, oder das umgekehrte, geschieht oft; und wer als Sieger aus einem

Streit geht, verdankt es sehr oft, nicht sowohl der Richtigkeit seiner Urteilskraft bei Aufstellung seines Satzes, als vielmehr der Schlauheit und Gewandtheit, mit der er ihn verteidigte. Angeboren ist hier wie in allen Fällen das beste: jedoch kann Übung und auch Nachdenken über die Wendungen, durch die man den Gegner wirft, oder die er meistens gebraucht, um zu werfen, viel beitragen, in dieser Kunst Meister zu werden. Also wenn auch die Logik wohl keinen eigentlich praktischen Nutzen haben kann: so kann ihn die Dialektik allerdings haben. Mir scheint auch Aristoteles seine eigentliche Logik (Analytik) hauptsächlich als Grundlage und Vorbereitung zur *Dialektik* aufgestellt zu haben und diese ihm die Hauptsache gewesen zu sein. Die Logik beschäftigt sich mit der bloßen Form der Sätze, die Dialektik mit ihrem Gehalt oder Materie, dem Inhalt:

daher eben mußte die Betrachtung der *Form* als des allgemeinen der des Inhalts als des besonderen vorhergehn.

Aristoteles bestimmt den Zweck der Dialektik nicht so scharf wie ich getan: er gibt zwar als Hauptzweck das Disputieren an, aber zugleich auch das Auffinden der Wahrheit (*Topik*, I, 2); später sagt er wieder: man behandle die Sätze philosophisch nach der Wahrheit, dialektisch nach dem Schein oder Beifall, Meinung Andrer (δόξα) *Topik*, I, 12. Er ist sich der Unterscheidung und Trennung der objektiven Wahrheit eines Satzes von dem Geltendmachen desselben oder dem Erlangen der Approbation zwar bewußt; allein er hält sie nicht scharf genug auseinander, um der Dialektik bloß letzteres anzuweisen.

Meine Ansicht also ist, die *Dialektik* von der *Logik* schärfer zu sondern, als Aristoteles getan hat, der *Logik* die objektive Wahrheit, so weit sie *formell* ist, zu lassen, und die *Dialektik* auf das *Rechtbehalten* zu beschränken; dagegen aber Sophistik und Eristik nicht so von ihr zu trennen, wie Aristoteles tut, da dieser Unterschied auf der objektiven materiellen Wahrheit beruht, über die wir nicht sicher zum voraus im klaren sein können, sondern mit Pontius Pilatus sagen müssen: was ist die Wahrheit? – denn *veritas est in puteo*: εν βυθῶ η αλήθεια: Spruch des Demokrit, *Diog. Laert*. IX, 72. Es ist leicht zu sagen, daß man beim Streiten nichts anderes bezwecken soll als die Zutageförderung der Wahrheit; allein man weiß ja noch nicht, wo sie ist: man wird durch die Argumente des Gegners und durch seine eigenen irregeführt. – Übrigens *re intellecta, in verbis simus faciles*:

da man den Namen *Dialektik* im Ganzen für gleichbedeutend mit *Logik* zu nehmen pflegt, wollen wir unsre Disziplin *Dialectica eristica, eristische Dialektik* nennen.

Seinen Regeln zu letzterem Zweck sind daher oft welche zum ersteren eingemengt. Daher es mir scheint, daß er seine Aufgabe nicht rein gelöst hat. Aristoteles hat in den *Topicis* die Aufstellung der Dialektik mit seinem eignen wissenschaftlichen Geist äußerst methodisch und systematisch angegriffen, und dies verdient Bewunderung, wenn gleich der Zweck, der hier offenbar praktisch ist, nicht sonderlich erreicht worden. Nachdem er in den *Analyticis* die Begriffe, Urteile und Schlüsse der reinen Form nach betrachtet hatte, geht er nun zum *Inhalt* über, wobei er es eigentlich nur mit den Begriffen zu tun hat: denn in diesen liegt ja der Gehalt.

Sätze und Schlüsse sind rein für sich bloße Form: die Begriffe sind ihr Gehalt.

– Sein Gang ist folgender. Jede Disputation hat eine Thesis oder Problem (diese differieren bloß in der Form) und dann Sätze, die es zu lösen dienen sollen. Es handelt sich dabei immer um das Verhältnis von Begriffen zu einander. Dieser Verhältnisse sind zunächst vier. Man sucht nämlich von einem Begriff, entweder 1. seine Definition, oder 2. sein Genus, oder 3. sein Eigentümliches, wesentliches Merkmal, proprium, ἴδιον, oder 4. sein *accidens*, d. i. irgend eine Eigenschaft, gleichviel ob Eigentümliches und Ausschließliches oder nicht, kurz ein Prädikat. Auf eins dieser Verhältnisse ist das Problem jeder Disputation zurückzuführen. Dies ist die Basis der ganzen Dialektik. In den acht Büchern derselben stellt er nun alle Verhältnisse, die Begriffe in jenen vier Rücksichten wechselseitig zu einander haben können, auf und gibt die Regeln für jedes mögliche Verhältnis; wie nämlich ein Begriff sich zum andern verhalten müsse, um dessen *proprium*, dessen *accidens*, dessen *genus*, dessen *definitum* oder Definition zu sein: welche Fehler bei der Aufstellung leicht gemacht werden, und jedesmal was man demnach zu beobachten habe, wenn man selbst ein solches Verhältnis aufstellt (κατασκευάζειν), und was man, nachdem der andre es aufgestellt, tun könne, es umzustoßen (ανασκευάζειν). Die Aufstellung jeder solchen Regel oder jedes solchen allgemeinen Verhältnisses jener Klassen-Begriffe zu einander nennt er τόπος, *locus*, und gibt 382 solcher τόποι: daher *Topica*. Diesem fügt er noch einige allgemeine Regeln bei, über das Disputieren überhaupt, die jedoch lange nicht erschöpfend sind.

Der τόπος ist also kein rein materieller, bezieht sich nicht auf einen bestimmten Gegenstand, oder Begriff; sondern er betrifft immer ein Verhältnis ganzer Klassen von Begriffen, welches unzähligen Begriffen gemein sein kann, sobald sie zu einander in einer der erwähnten vier Rücksichten betrachtet werden, welches bei jeder Disputation statt hat. Und diese vier Rücksichten haben wieder untergeordnete Klassen. Die Betrachtung ist hier also noch immer gewissermaßen formal, jedoch nicht so rein formal wie in der Logik, da sie sich mit dem *Inhalt* der *Begriffe* beschäftigt, aber auf eine formelle Weise, nämlich sie gibt an, wie der Inhalt des Begriffs A sich verhalten müsse zu dem des Begriffs B, damit dieser aufgestellt werden könne als dessen *genus* oder dessen *proprium* (Merkmal) oder dessen *accidens* oder dessen Definition oder nach den diesen untergeordneten

Rubriken, von Gegenteil ἀντικείμενον, Ursache und Wirkung, Eigenschaft und Mangel usw.: und um ein solches Verhältnis soll sich jede Disputation drehen. Die meisten Regeln, die er nun eben als τόποι über diese Verhältnisse angibt, sind solche, die in der Natur der Begriffsverhältnisse liegen, deren jeder sich von selbst bewußt ist, und auf deren Befolgung vom Gegner er schon von selbst dringt, eben wie in der Logik, und die es leichter ist im speziellen Fall zu beobachten oder ihre Vernachlässigung zu bemerken, als sich des abstrakten τόπος darüber zu erinnern: daher eben der praktische Nutzen dieser Dialektik nicht groß ist. Er sagt fast lauter Dinge, die sich von selbst verstehn und auf deren Beachtung die gesunde Vernunft von selbst gerät. Beispiele: „Wenn von einem Dinge das *genus* behauptet wird, so muß ihm auch irgend eine *species* dieses *genus* zukommen; ist dies nicht, so ist die Behauptung falsch: z. B. es wird behauptet, die Seele habe *Bewegung*; so muß ihr irgend eine bestimmte Art der Bewegung eigen sein, Flug, Gang, Wachstum, Abnahme usw. – ist dies nicht, so hat sie auch keine Bewegung. – Also wem keine Spezies zukommt, dem auch nicht das *genus*: das ist der τόπος." Dieser τόπος gilt zum Aufstellen und zum Umwerfen. Es ist der neunte τόπος. Und umgekehrt: wenn das Genus nicht zukommt, kommt auch keine Spezies zu: z. B. Einer soll (wird behauptet) von einem Andern schlecht geredet haben: – Beweisen wir, daß er gar nicht geredet hat, so ist auch jenes nicht: denn wo das *genus* nicht ist, kann die Spezies nicht sein.

Unter der Rubrik des *Eigentümlichen, proprium*, lautet der 215. *locus* so: „Erstlich zum Umstoßen: wenn der Gegner als Eigentümliches etwas angibt, das nur sinnlich wahrzunehmen ist, so ists schlecht angegeben: denn alles Sinnliche wird ungewiß, sobald es aus dem Bereich der Sinne hinaus kommt: z. B. er setzt als Eigentümliches der *Sonne*, sie sei das hellste Gestirn, das über die Erde zieht: – das taugt nicht: denn wenn die Sonne untergegangen, wissen wir nicht ob sie über die Erde zieht, weil sie dann außer dem Bereich der Sinne ist. – Zweitens zum Aufstellen: das Eigentümliche wird richtig angegeben, wenn ein solches aufgestellt wird, das nicht sinnlich erkannt wird, oder wenn sinnlich erkannt, doch notwendig vorhanden: z. B. als Eigentümliches der *Oberfläche* werde angegeben, daß sie zuerst gefärbt wird; so ist dies zwar ein sinnliches Merkmal, aber ein solches, das offenbar allezeit vorhanden, also richtig." – Soviel um Ihnen einen Begriff von der Dialektik des *Aristoteles* zu geben. Sie scheint mir den Zweck nicht zu erreichen: ich habe es also anders versucht. *Cicero's Topica* sind eine Nachahmung der Aristotelischen aus dem Gedächtnis: höchst seicht und elend; *Cicero* hat durchaus keinen deutlichen Begriff von dem, was ein *topus* ist und bezweckt, und so radotiert er *ex ingenio* allerhand Zeug durcheinander, und staffiert es reichlich mit juristischen Beispielen aus. Eine seiner schlechtesten Schriften.

Um die *Dialektik* rein aufzustellen muß man, unbekümmert um die objektive Wahrheit (welche Sache der Logik ist), sie bloß betrachten als *die Kunst, Recht zu behalten,* welches freilich um so leichter sein wird, wenn man in der Sache selbst Recht hat. Aber die Dialektik als solche muß bloß lehren, wie man sich gegen Angriffe aller Art, besonders gegen unredliche verteidigt, und eben so wie man selbst angreifen kann, was der Andre behauptet, ohne sich selbst zu widersprechen und überhaupt ohne widerlegt zu werden. Man muß die Auffindung der objektiven Wahrheit rein trennen von der Kunst, seine Sätze als wahr geltend zu machen: jenes ist einer ganz andern πραγματεία, es ist das Werk der Urteilskraft, des Nachdenkens, der Erfahrung, und gibt es dazu keine eigne Kunst; das zweite aber ist der Zweck der Dialektik. Man hat sie definiert als die Logik des Scheins: falsch: dann wäre sie bloß brauchbar zur Verteidigung falscher Sätze; allein auch wenn man Recht hat, braucht man Dialektik, es zu verfechten, und muß die unredlichen Kunstgriffe kennen, um ihnen zu begegnen; ja oft selbst welche brauchen, um den Gegner mit gleichen Waffen zu schlagen. Dieserhalb also muß bei der Dialektik die objektive Wahrheit bei Seite gesetzt oder als akzidentell betrachtet werden: und bloß darauf gesehn werden, wie man seine Behauptungen verteidigt und die des Andern umstößt; bei den Regeln hiezu darf man die objektive Wahrheit nicht berücksichtigen, weil meistens unbekannt ist, wo sie liegt: oft weiß man selbst nicht, ob man Recht hat oder nicht, oft glaubt man es und irrt sich, oft glauben es beide Teile: denn *veritas est in puteo* (εν βυθῶ η αλήθεια, Demokrit); beim Entstehn des Streits glaubt in der Regel jeder die Wahrheit auf seiner Seite zu haben: beim Fortgang werden beide zweifelhaft: das Ende soll eben erst die Wahrheit ausmachen, bestätigen. Also darauf hat sich die Dialektik nicht einzulassen: so wenig wie der Fechtmeister berücksichtigt, wer bei dem Streit, der das Duell herbeiführte, eigentlich Recht hat: treffen und parieren, darauf kommt es an, eben so in der Dialektik: sie ist eine geistige Fechtkunst; nur so rein gefaßt, kann sie als eigne Disziplin aufgestellt werden:

denn setzen wir uns zum Zweck die reine objektive Wahrheit, so kommen wir auf bloße *Logik* zurück; setzen wir hingegen zum Zweck die Durchführung falscher Sätze, so haben wir bloße *Sophistik*. Und bei beiden würde vorausgesetzt sein, daß wir schon wüßten, was objektiv wahr und falsch ist: das ist aber selten zum voraus gewiß. Der wahre Begriff der Dialektik ist also der aufgestellte: geistige Fechtkunst zum Rechtbehalten im Disputieren, obwohl der Name *Eristik* passender wäre: am richtigsten wohl Eristische Dialektik: *Dialectica eristica*. Und sie ist sehr nützlich: man hat sie mit Unrecht in neuern Zeiten vernachlässigt.

Da nun in diesem Sinne die Dialektik bloß eine auf System und Regel zurückgeführte Zusammenfassung und Darstellung jener von der Natur eingegebnen Künste sein soll, deren sich die meisten Menschen bedienen, wenn sie merken, daß im Streit die Wahrheit nicht auf ihrer Seite liegt, um dennoch Recht zu behalten; – so würde es auch dieserhalb sehr zweckwidrig sein, wenn man in der wissenschaftlichen Dialektik auf die objektive Wahrheit und deren Zutageförderung Rücksicht nehmen wollte, da es in jener ursprünglichen und natürlichen Dialektik nicht geschieht, sondern das Ziel bloß das Rechthaben ist. Die wissenschaftliche Dialektik in unserm Sinne hat demnach zur Hauptaufgabe, *jene Kunstgriffe der Unredlichkeit im Disputieren aufzustellen und zu analysieren*: damit man bei wirklichen Debatten sie gleich erkenne und vernichte. Eben daher muß sie in ihrer Darstellung eingeständlich bloß das Rechthaben, nicht die objektive Wahrheit, zum Endzweck nehmen.

Mir ist nicht bekannt, daß in diesem Sinne etwas geleistet wäre, obwohl ich mich weit und breit umgesehn habe: es ist also ein noch unbebautes Feld. Um zum Zwecke zu kommen, müßte man aus der Erfahrung schöpfen, beachten, wie, bei den im Umgange häufig vorkommenden Debatten, dieser oder jener Kunstgriff von einem und dem andern Teil angewandt wird, sodann die unter andern Formen wiederkehrenden Kunstgriffe auf ihr Allgemeines zurückführen, und so gewisse allgemeine *Stratagemata* aufstellen, die dann sowohl zum eignen Gebrauch, als zum Vereiteln derselben, wenn der Andre sie braucht, nützlich wären.

Folgendes sei als *erster Versuch* zu betrachten.

Basis aller Dialektik

Zuvörderst ist zu betrachten *das Wesentliche jeder Disputation*, was eigentlich dabei vorgeht.

Der Gegner hat eine *These* aufgestellt (oder wir selbst, das ist gleich). Sie zu widerlegen, gibts zwei Modi und zwei Wege.

1. Die Modi: a) *ad rem*, b) *ad hominem*, oder *ex concessis*: d. h. wir zeigen entweder, daß der Satz nicht übereinstimmt mit der Natur der Dinge, der absoluten objektiven Wahrheit; oder aber nicht mit andern Behauptungen oder Einräumungen des Gegners, d. h. mit der relativen subjektiven Wahrheit: letzteres ist nur eine relative Überführung und macht nichts aus über die objektive Wahrheit.

2. *Die Wege*: a) direkte Widerlegung, b) indirekte. – Die direkte greift die These bei ihren Gründen an, die indirekte bei ihren Folgen: die direkte zeigt, daß die These nicht wahr ist, die indirekte daß sie nicht wahr sein kann.

1. Bei der *direkten* können wir zweierlei. Entweder wir zeigen, daß die *Gründe* seiner Behauptung falsch sind (*nego majorem; minorem*): – oder wir geben die Gründe zu, zeigen aber, daß die Behauptung nicht daraus folgt (*nego consequentiam*), greifen also die *Konsequenz*, die Form des Schlusses an.

2. Bei der *indirekten* Widerlegung gebrauchen wir entweder die *Apagoge* oder die *Instanz*.

a) *Apagoge*: wir nehmen seinen Satz als wahr an; und nun zeigen wir, was daraus folgt, wenn wir in Verbindung mit irgend einem andern als wahr anerkannten Satze selbigen als Prämisse zu einem Schlusse gebrauchen, und nun eine Konklusion entsteht, die offenbar falsch ist, indem sie entweder der Natur der Dinge, oder den andern Behauptungen des Gegners selbst widerspricht, also *ad rem* oder *ad hominem* falsch ist (*Sokrates in Hippia maj. et alias*): folglich auch der Satz falsch war: denn aus wahren Prämissen können nur wahre Sätze folgen, obwohl aus falschen nicht immer falsche.

b) Die *Instanz,* ἐνστασις , *exemplum in contrarium*: Widerlegung des allgemeinen Satzes durch direkte Nachweisung einzelner unter seiner Aussage begriffner Fälle, von denen er doch nicht gilt, also selbst falsch sein muß.

Dies ist das Grundgerüst, das Skelett jeder Disputation: wir haben also ihre Osteologie. Denn hierauf läuft im Grunde alles Disputieren zurück: aber dies alles kann wirklich oder nur scheinbar, mit echten oder mit unechten Gründen geschehn; und weil hierüber nicht leicht etwas sicher auszumachen ist, sind die Debatten so lang und hartnäckig. Wir können auch bei der Anweisung das wahre und scheinbare nicht trennen, weil es eben nie zum voraus bei den Streitenden selbst gewiß ist: daher gebe ich die *Kunstgriffe* ohne Rücksicht, ob man *objective* Recht oder Unrecht hat; denn das kann man selbst nicht sicher wissen: und es soll ja erst durch den Streit ausgemacht werden. Übrigens muß man, bei jeder Disputation oder Argumentation überhaupt, über irgend etwas einverstanden sein, daraus man als einem Prinzip die vorliegende Frage beurteilen will: *Contra negantem principia non est disputandum.*

Kunstgriff 1

Die Erweiterung. Die Behauptung des Gegners über ihre natürliche Grenze hinausführen, sie möglichst allgemein deuten, in möglichst weitem Sinne nehmen und sie übertreiben; seine eigne dagegen in möglichst eingeschränktem Sinne, in möglichst enge Grenzen zusammenziehn: weil je allgemeiner eine Behauptung wird, desto mehreren Angriffen sie bloß steht. Das Gegenmittel ist die genaue Aufstellung des *puncti* oder *status controversiae.*

Exempel 1. Ich sagte: „Die Engländer sind die erste Dramatische Nation.“ – Der Gegner wollte eine *instantia* versuchen und erwiderte: „Es wäre bekannt, daß sie in der Musik folglich auch in der Oper nichts leisten könnten.“ – Ich trieb ihn ab, durch die Erinnerung „daß Musik nicht unter dem *Dramatischen* begriffen sei; dies bezeichne bloß Tragödie und Komödie“: was er sehr wohl wußte, und nur versuchte, meine Behauptung so zu verallgemeinern, daß sie alle Theatralischen

Darstellungen, folglich die Oper, folglich die Musik begriffe, um mich dann sicher zu schlagen.

Man rette umgekehrt seine eigne Behauptung durch Verengerung derselben über die erste Absicht hinaus, wenn der gebrauchte Ausdruck es begünstigt.

Exempel 2. A sagt: „Der Friede von 1814 gab sogar allen Deutschen Hansestädten ihre Unabhängigkeit wieder." – B gibt die *instantia in contrarium*, daß Danzig die ihm von Bonaparte verliehene Unabhängigkeit durch jenen Frieden verloren. – A rettet sich so: „Ich sagte allen Deutschen Hansestädten: Danzig war eine Polnische Hansestadt."

Diesen Kunstgriff lehrt schon Aristoteles Topik, VIII, 12, 11.

Exempel 3. *Lamarck* (*Philosophie zoologique*) spricht den Polypen alle Empfindungen ab, weil sie keine Nerven haben. Nun aber ist es gewiß, daß sie *wahrnehmen*: denn sie gehn dem Lichte nach, indem sie sich künstlich von Zweig zu Zweig fortbewegen; – und sie haschen ihren Raub. Daher hat man angenommen, daß bei ihnen die Nervenmasse in der Masse des ganzen Körpers gleichmäßig verbreitet, gleichsam verschmolzen ist: denn sie haben offenbar Wahrnehmungen ohne gesonderte Sinnesorgane. Weil das dem *Lamarck* seine Annahme umstößt, argumentiert er dialektisch so: „Dann müßten alle Teile des Körpers der Polypen *jeder Art* der Empfindung fähig sein, und auch der Bewegung, des Willens, der *Gedanken*: Dann hätte der Polyp in jedem Punkt seines Körpers alle Organe des vollkommensten Tieres: jeder Punkt könnte sehn, riechen, schmecken, hören, usw., ja denken, urteilen, schließen: jede Partikel seines Körpers wäre ein vollkommnes Tier, und der Polyp selbst stände höher als der Mensch, da jedes Teilchen von ihm alle Fähigkeiten hätte, die der Mensch nur im Ganzen hat. – Es gäbe ferner keinen Grund, um was man vom Polypen behauptet, nicht auch auf die *Monade*, das unvollkommenste aller Wesen, auszudehnen, und endlich auch auf die Pflanzen, die doch auch leben, usw." – Durch Gebrauch solcher Dialektischen Kunstgriffe verrät ein Schriftsteller, daß er sich im Stillen bewußt ist, Unrecht zu haben. Weil man sagte: „ihr ganzer Leib hat Empfindung für das Licht, ist also nervenartig": macht er daraus, daß der ganze Leib denkt.

Kunstgriff 2

Die *Homonymie* benutzen, um die aufgestellte Behauptung auch auf das auszudehnen, was außer dem gleichen Wort wenig oder nichts mit der in Rede stehenden Sache gemein hat, dies dann lukulent widerlegen, und so sich das Ansehn geben, als habe man die Behauptung widerlegt.

Anmerkung. Synonyma sind zwei Worte für denselben Begriff: – *Homonyma* zwei Begriffe, die durch dasselbe Wort bezeichnet werden. Siehe *Aristoteles, Topik,* I, 13. Tief, Schneidend, Hoch, bald von Körpern bald von Tönen gebraucht sind *Homonyma.* Ehrlich und Redlich *Synonyma.*

Man kann diesen Kunstgriff als identisch mit dem Sophisma *ex homonymia* betrachten: jedoch das offenbare Sophisma der Homonymie wird nicht im Ernst täuschen.

Omne lumen potest extingui

Intellectus est lumen

Intellectus potest extingui.

Hier merkt man gleich, daß vier *termini* sind: *lumen* eigentlich und *lumen* bildlich verstanden. Aber bei feinen Fällen täuscht es allerdings, namentlich wo die Begriffe, die durch denselben Ausdruck bezeichnet werden, verwandt sind und in einander übergehn.

Exempel 1. A. Sie sind noch nicht eingeweiht in die Mysterien der Kantischen Philosophie.

B. Ach, wo Mysterien sind, davon will ich nichts wissen.

Ich tadelte das Prinzip der Ehre, nach welchem man durch eine erhaltene Beleidigung ehrlos wird, es sei denn, daß man sie durch eine größere Beleidigung erwidere, oder durch Blut, das des Gegners oder sein eigenes, abwasche, als unverständig; als Grund führte ich an, die wahre Ehre könne nicht verletzt werden durch das, was man litte, sondern ganz allein durch das, was man täte; denn widerfahren könne jedem jedes. – Der Gegner machte den direkten Angriff auf den Grund: er zeigte mir lukulent, daß wenn einem Kaufmann Betrug oder Unrechtlichkeit, oder Nachlässigkeit in seinem Gewerbe fälschlich nachgesagt würde, dies ein Angriff auf seine Ehre sei, die hier verletzt würde, lediglich durch das, was er leide, und die er nur herstellen könne, indem er solchen Angreifer zur Strafe und Widerruf brächte.

Hier schob er also, durch die Homonymie, die *Bürgerliche Ehre*, welche sonst *Guter Name* heißt und deren Verletzung durch *Verleumdung* geschieht, dem *Begriff der ritterlichen Ehre* unter, die sonst auch *point d'honneur* heißt und deren Verletzung durch *Beleidigungen* geschieht. Und weil ein Angriff auf erstere nicht unbeachtet zu lassen ist, sondern durch öffentliche Widerlegung abgewehrt werden muß; so müßte mit demselben Recht ein Angriff auf letztere auch nicht unbeachtet bleiben, sondern abgewehrt durch stärkere Beleidigung und Duell. – Also ein Vermengen zwei wesentlich verschiedener Dinge durch die Homonymie des Wortes *Ehre*: und dadurch eine *mutatio controversiae*, zu Wege gebracht durch die Homonymie.

Kunstgriff 3

Die Behauptung welche beziehungsweise, κατά τι, *relative* aufgestellt ist, nehmen, als sei sie allgemein, *simpliciter*, απλῶς, *absolute* aufgestellt, oder wenigstens sie in einer ganz andern Beziehung auffassen, und dann sie in diesem Sinn widerlegen. Des Aristoteles Beispiel ist: der Mohr ist schwarz, hinsichtlich der Zähne aber weiß; also ist er schwarz und nicht schwarz zugleich.

– Das ist ein ersonnenes Beispiel, das Niemand im Ernst täuschen wird: nehmen wir dagegen eines aus der wirklichen Erfahrung.

Exempel 1. In einem Gespräch über Philosophie gab ich zu, daß mein System die *Quietisten* in Schutz nehme und lobe. – Bald darauf kam die Rede auf *Hegel,* und ich behauptete er habe großenteils Unsinn geschrieben oder wenigstens wären viele Stellen seiner Schriften solche, wo der Autor die Worte setzt, und der Leser den Sinn setzen soll. – Der Gegner unternahm nicht dies *ad rem* zu widerlegen, sondern begnügte sich, das *argumentum ad hominem* aufzustellen „ich hätte so eben die Quietisten gelobt, und diese hätten ebenfalls viel Unsinn geschrieben".

Ich gab dies zu, berichtigte ihn aber darin, daß ich die Quietisten nicht lobe als Philosophen und Schriftsteller, also nicht wegen ihrer *theoretischen* Leistungen, sondern nur als Menschen, wegen ihres Tuns, bloß in *praktischer* Hinsicht: bei Hegel aber sei die Rede von theoretischen Leistungen. – So war der Angriff pariert.

Die ersten drei Kunstgriffe sind verwandt: sie haben dies gemein, daß der Gegner eigentlich von etwas anderm redet als aufgestellt worden; man beginge also eine *ignoratio elenchi,* wenn man sich dadurch abfertigen ließe. – Denn in allen aufgestellten Beispielen ist was der Gegner sagt, wahr: es steht aber nicht in wirklichem Widerspruch mit der These, sondern nur in scheinbarem; also negiert der von ihm Angegriffene die Konsequenz seines Schlusses: nämlich den Schluß von der Wahrheit seines Satzes auf die Falschheit des unsrigen. Es ist also direkte Widerlegung seiner Widerlegung *per negationem consequentiae.*

Wahre Prämissen nicht zugeben, weil man die Konsequenz vorhersieht. Dagegen also folgende zwei Mittel, Regel 4 und 5.

Kunstgriff 4

Wenn man einen Schluß machen will, so lasse man denselben nicht vorhersehn, sondern lasse sich unvermerkt die Prämissen einzeln und zerstreut im Gespräch zugeben, sonst wird der Gegner allerhand Schikanen versuchen; oder wenn zweifelhaft ist, daß der Gegner sie zugebe, so stelle man die Prämissen dieser Prämissen auf; mache Prosyllogismen; lasse sich die Prämissen mehrerer solcher Prosyllogismen ohne

Ordnung durcheinander zugeben, also verdecke sein Spiel, bis alles zugestanden ist, was man braucht. Führe also die Sache von Weitem herbei. Diese Regeln gibt *Aristoteles, Topik*, VIII, 1.

Bedarf keines Exempels.

Kunstgriff 5

Man kann zum Beweis seines Satzes auch falsche Vordersätze gebrauchen, wenn nämlich der Gegner die wahren nicht zugeben würde, entweder weil er ihre Wahrheit nicht einsieht, oder weil er sieht, daß die Thesis sogleich daraus folgen würde: dann nehme man Sätze, die an sich falsch, aber *ad hominem* wahr sind, und argumentiere aus der Denkungsart des Gegners *ex concessis*. Denn das Wahre kann auch aus falschen

Prämissen folgen: wiewohl nie das Falsche aus wahren. Eben so kann man falsche Sätze des Gegners durch andre falsche Sätze widerlegen, die er aber für wahr hält: denn man hat es mit ihm zu tun und muß seine Denkungsart gebrauchen. Z. B. ist er Anhänger irgend einer Sekte, der wir nicht beistimmen; so können wir gegen ihn die Aussprüche dieser Sekte, als *principia,* gebrauchen. *Aristoteles, Topik,* VIII, 9.

Kunstgriff 6

Man macht eine versteckte *petitio principii,* indem man das, was man zu beweisen hätte, postuliert, entweder 1. unter einem andern Namen, z. B. statt Ehre guter Name, statt Jungfrauschaft Tugend usw., auch Wechselbegriffe: – rotblütige Tiere, statt Wirbeltiere, 2. oder was im Einzelnen streitig ist, im Allgemeinen sich geben läßt, z. B.

die Unsicherheit der Medizin behauptet, die Unsicherheit alles menschlichen Wissens postuliert: 3. Wenn *vice versa* zwei auseinander folgen, das eine zu beweisen ist; man postuliert das andre: 4. Wenn das Allgemeine zu beweisen und man jedes einzelne sich zugeben läßt. (Das umgekehrte von Nr. 2.) *(Aristoteles, Topik*, VIII, 11.)

Über die *Übung* zur Dialektik enthält gute Regeln das letzte Kapitel der *Topica* des *Aristoteles*.

Kunstgriff 7

Wenn die Disputation etwas streng und formell geführt wird und man sich recht deutlich verständigen will; so verfährt der, welcher die Behauptung aufgestellt hat und sie beweisen soll, gegen seinen Gegner *fragend*, um aus seinen eignen Zugeständnissen die Wahrheit der

Behauptung zu schließen. Diese erotematische Methode war besonders bei den Alten im Gebrauch (heißt auch Sokratische): auf dieselbe bezieht sich der gegenwärtige Kunstgriff und einige später folgende. *(Sämtlich frei bearbeitet nach des Aristoteles Liber de elenchis sophisticis,* 15.)

Viel auf ein Mal und weitläufig fragen, um das, was man eigentlich zugestanden haben will, zu verbergen. Dagegen seine Argumentation aus dem zugestandenen schnell vortragen: denn die langsam von Verständnis sind, können nicht genau folgen und übersehn die etwaigen Fehler oder Lücken in der Beweisführung.

Kunstgriff 8

Den Gegner zum Zorn reizen: denn im Zorn ist er außer Stand, richtig zu urteilen und seinen Vorteil wahrzunehmen. Man bringt ihn in Zorn dadurch, daß man unverhohlen ihm Unrecht tut und schikaniert und überhaupt unverschämt ist.

Kunstgriff 9

Die Fragen nicht in der Ordnung tun, die der daraus zu ziehende Schluß erfordert, sondern in allerhand Versetzungen: er weiß dann nicht, wo man hinaus will, und kann nicht vorbauen; auch kann man dann seine Antworten zu verschiedenen Schlüssen benutzen, sogar zu entgegengesetzten, je nachdem sie ausfallen. Dies ist dem Kunstgriff 4 verwandt, daß man sein Verfahren maskieren soll.

Kunstgriff 10

Wenn man merkt, daß der Gegner die Fragen, deren Bejahung für unsern Satz zu brauchen wäre, absichtlich verneint, so muß man das Gegenteil des zu gebrauchenden Satzes fragen, als wollte man das bejaht wissen, oder wenigstens ihm beides zur Wahl vorlegen, so daß er nicht merkt, welchen Satz man bejaht haben will.

Kunstgriff 11

Machen wir eine Induktion und er gesteht uns die einzelnen Fälle, durch die sie aufgestellt werden soll, zu; so müssen wir ihn nicht fragen, ob er auch die aus diesen Fällen hervorgehende allgemeine Wahrheit zugebe;

sondern sie nachher als ausgemacht und zugestanden einführen: denn bisweilen wird er dann selbst glauben, sie zugegeben zu haben, und auch den Zuhörern wird es so vorkommen, weil sie sich der vielen Fragen nach den einzelnen Fällen erinnern, die denn doch zum Zweck geführt haben müssen.

Kunstgriff 12

Ist die Rede über einen allgemeinen Begriff, der keinen eignen Namen hat, sondern tropisch durch ein Gleichnis bezeichnet werden muß; so müssen wir das Gleichnis gleich so wählen, daß es unsrer Behauptung günstig ist. So sind z. B. in Spanien die Namen, dadurch die beiden Politischen Parteien bezeichnet werden, *serviles* und *liberales* gewiß von letztern gewählt.

Der Name Protestanten ist von diesen gewählt, auch der Name Evangelische: der Name Ketzer aber von den Katholiken.

Es gilt vom Namen der Sachen auch, wo sie mehr eigentlich sind: z. B. hat der Gegner irgend eine *Veränderung* vorgeschlagen, so nenne man sie „*Neuerung*“: denn dies Wort ist gehässig. Umgekehrt, wenn man selbst der Vorschläger ist. – Im erstern Fall nenne man als Gegensatz die „bestehende Ordnung“, im zweiten „den Bocksbeutel“. – Was ein ganz Absichtsloser und Unparteiischer etwa „Kultus“ oder „öffentliche Glaubenslehre“ nennen würde, das nennt Einer, der *für* sie sprechen will, „Frömmigkeit“, „Gottseligkeit“ und ein Gegner desselben „Bigottrie“, „Superstition“. Im Grunde ist dies eine feine *petitio principii*: was man erst dartun will, legt man zum voraus ins Wort, in die Benennung, aus welcher es dann durch ein bloß analytisches Urteil hervorgeht. Was der Eine „sich seiner Person versichern“, „in Gewahrsam bringen“ nennt, heißt sein Gegner „Einsperren“. – Ein Redner verrät oft schon zum voraus seine Absicht durch die Namen, die er den Sachen gibt. – Der Eine sagt „die Geistlichkeit“ der Andre „die Pfaffen“. Unter allen Kunstgriffen wird dieser am häufigsten gebraucht, instinktmäßig. Glaubenseifer = Fanatismus. – Fehltritt oder Galanterie = Ehebruch – Äquivoken = Zoten. – Dérangiert = Bankerott. – „Durch Einfluß und Konnexion“ = „durch Bestechung und Nepotismus“. – „Aufrichtige Erkenntlichkeit“ = „gute Bezahlung“. –

Kunstgriff 13

Um zu machen, daß er einen Satz annimmt, müssen wir das Gegenteil dazu geben und ihm die Wahl lassen, und dies Gegenteil recht grell aussprechen, so daß er, um nicht paradox zu sein, in unsern Satz eingehn muß, der ganz probabel dagegen aussieht. Z. B. Er soll zugeben, daß Einer Alles tun muß, was ihm sein Vater sagt; so fragen wir: „Soll man in allen Dingen den Eltern ungehorsam oder gehorsam sein?“ – Oder ist von irgend einer Sache gesagt „Oft“; so fragen wir, ob unter „oft“ wenige Fälle oder viel verstanden sind: er wird sagen „viele“. Es ist wie wenn man Grau neben Schwarz legt, so kann es weiß heißen; und legt man es neben Weiß, so kann es schwarz heißen.

Kunstgriff 14

Ein unverschämter Streich ist es, wenn man nach mehreren Fragen, die er beantwortet hat, ohne daß die Antworten zu Gunsten des Schlusses, den wir beabsichtigen, ausgefallen wären, nun den Schlußsatz, den man dadurch herbeiführen will, obgleich er gar nicht daraus folgt, dennoch als dadurch bewiesen aufstellt und triumphierend ausschreit. Wenn der Gegner schüchtern oder dumm ist, und man selbst viel Unverschämtheit und eine gute Stimme hat, so kann das recht gut gelingen. Gehört zur *fallacia non causae ut causae*.

Kunstgriff 15

Wenn wir einen paradoxen Satz aufgestellt haben, um dessen Beweis wir verlegen sind; so legen wir dem Gegner irgend einen richtigen, aber doch nicht ganz handgreiflichen richtigen Satz zur Annahme oder Verwerfung vor, als wollten wir daraus den Beweis schöpfen: verwirft er ihn aus Argwohn, so führen wir ihn *ad absurdum* und triumphieren; nimmt er ihn aber an, – so haben wir vor der Hand etwas vernünftiges gesagt, und müssen nun weiter sehn. Oder wir fügen nun den vorhergehenden Kunstgriff hinzu und behaupten nun, daraus sei unser Paradoxon bewiesen. Hiezu gehört die äußerste Unverschämtheit: aber es kommt in der Erfahrung vor; und es gibt Leute die dies alles instinktmäßig ausüben.

Kunstgriff 16

Argumenta ad hominem oder *ex concessis*. Bei einer Behauptung des Gegners müssen wir suchen, ob sie nicht etwa irgendwie, nötigenfalls auch nur scheinbar, im Widerspruch steht mit irgend etwas, das er früher gesagt oder zugegeben hat, oder mit den Satzungen einer Schule oder Sekte, die er gelobt und gebilligt hat, oder mit dem Tun der Anhänger dieser Sekte, oder auch nur der unechten und scheinbaren Anhänger, oder mit seinem eignen Tun und Lassen. Verteidigt er z. B. den Selbstmord, so schreit man gleich „warum hängst du dich nicht auf?“ Oder er behauptet z. B., Berlin sei ein unangenehmer Aufenthalt: gleich schreit man: „warum fährst du nicht gleich mit der ersten Schnellpost ab?“

Es wird sich doch irgendwie eine Schikane herausklauben lassen.

Kunstgriff 17

Wenn der Gegner uns durch einen Gegenbeweis bedrängt, so werden wir uns oft retten können durch eine feine Unterscheidung, an die wir früher freilich nicht gedacht haben, wenn die Sache irgend eine doppelte Bedeutung oder einen doppelten Fall zuläßt.

Kunstgriff 18

Merken wir, daß der Gegner eine Argumentation ergriffen hat, mit der er uns schlagen wird; so müssen wir es nicht dahin kommen lassen, ihn solche nicht zu Ende führen zu lassen, sondern beizeiten den Gang der Disputation unterbrechen, abspringen oder ablenken, und auf andre Sätze führen: kurz eine *mutatio controversiae* zu Wege bringen. (Hierzu Kunstgriff 29)

Kunstgriff 19

Fordert der Gegner uns ausdrücklich auf, gegen irgend einen bestimmten Punkt seiner Behauptung etwas vorzubringen; wir haben aber nichts rechtes; so müssen wir die Sache recht ins Allgemeine spielen und dann gegen dieses reden. Wir sollen sagen, warum einer bestimmten physikalischen Hypothese nicht zu trauen ist: so reden wir über die Trüglichkeit des menschlichen Wissens und erläutern sie an allerhand.

Kunstgriff 20

Wenn wir ihm die Vordersätze abgefragt haben und er sie zugegeben hat, müssen wir den Schluß daraus nicht etwa auch noch fragen, sondern gradezu selbst ziehn: ja sogar wenn von den Vordersätzen noch einer oder der andre fehlt, so nehmen wir ihn doch als gleichfalls eingeräumt an und ziehn den Schluß. Welches dann eine Anwendung der *fallacia non causae ut causae* ist.

Kunstgriff 21

Bei einem bloß scheinbaren oder sophistischen Argument des Gegners, welches wir durchschauen, können wir zwar es auflösen durch Auseinandersetzung seiner Verfänglichkeit und Scheinbarkeit; allein besser ist es, ihm mit einem eben so scheinbaren und sophistischen Gegenargument zu begegnen und so abzufertigen. Denn es kommt ja nicht auf die Wahrheit, sondern den Sieg an. Gibt er z. B. ein *argumentum ad hominem,* so ist es hinreichend, es durch ein Gegenargument *ad hominem* (*ex concessis*) zu entkräftigen: und überhaupt ist es kürzer, statt einer langen Auseinandersetzung der wahren Beschaffenheit der Sache, ein *argumentum ad hominem* zu geben, wenn es sich darbietet.

Kunstgriff 22

Fordert er, daß wir etwas zugeben, daraus das in Streit stehende Problem unmittelbar folgen würde; so lehnen wir es ab, indem wir es für eine *petitio principii* ausgeben;

denn er und die Zuhörer werden einen dem Problem nahe verwandten Satz leicht als mit dem Problem identisch ansehn: und so entziehn wir ihm sein bestes Argument.

Kunstgriff 23

Der Widerspruch und der Streit reizt zur *Übertreibung* der Behauptung. Wir können also den Gegner durch Widerspruch reizen, eine an sich und in gehöriger Einschränkung allenfalls wahre Behauptung über die Wahrheit hinaus zu steigern: und wenn wir nun diese Übertreibung widerlegt haben, so sieht es aus, als hätten wir auch seinen ursprünglichen Satz widerlegt. Dagegen haben wir selbst uns zu hüten, nicht uns durch Widerspruch zur Übertreibung oder weitern Ausdehnung unsers Satzes verleiten zu lassen. Oft auch wird der Gegner selbst unmittelbar suchen, unsre Behauptung weiter auszudehnen, als wir sie gestellt haben: dem müssen wir dann gleich Einhalt tun, und ihn auf die Grenzlinie unsrer Behauptung zurückführen mit „so viel habe ich gesagt und nicht mehr".

Kunstgriff 24

Die Konsequenzmacherei. Man erzwingt aus dem Satze des Gegners durch falsche Folgerungen und Verdrehung der Begriffe Sätze, die nicht darin liegen und gar nicht die Meinung des Gegners sind, hingegen absurd oder gefährlich sind: da es nun scheint, daß aus seinem Satze solche Sätze, die entweder sich selbst oder anerkannten Wahrheiten widersprechen, hervorgehn; so gilt dies für eine indirekte Widerlegung, *apagoge*: und ist wieder eine Anwendung der *fallacia non causae ut causae*.

Kunstgriff 25

Er betrifft die *Apagoge* durch eine *Instanz, exemplum in contrarium.* Die επαγωγή, *inductio* bedarf einer großen Menge Fälle, um ihren allgemeinen Satz aufzustellen; die απαγωγή braucht nur einen einzigen Fall aufzustellen, zu dem der Satz nicht paßt, und er ist umgeworfen: ein solcher Fall heißt Instanz, ένστασις, *exemplum in contrarium, instantia*. Z. B. der Satz: „alle Wiederkäuer sind gehörnt" wird umgestoßen durch die einzige Instanz der Kamele. Die Instanz ist ein Fall der Anwendung der allgemeinen Wahrheit, etwas unter den Hauptbegriff derselben zu subsumierendes, davon aber jene Wahrheit nicht gilt, und dadurch ganz umgestoßen wird. Allein dabei können Täuschungen vorgehn; wir haben also bei Instanzen, die der Gegner macht, folgendes zu beachten: 1. ob das Beispiel auch wirklich wahr ist; es gibt Probleme, deren einzig wahre Lösung die ist, daß der Fall nicht wahr ist: z. B. viele Wunder, Geistergeschichten usw.; 2. ob es auch wirklich unter den Begriff der aufgestellten Wahrheit gehört: das ist oft nur scheinbar und durch eine scharfe Distinktion zu lösen; 3. ob es auch wirklich in Widerspruch steht mit der aufgestellten Wahrheit: auch dies ist oft nur scheinbar.

Kunstgriff 26

Ein brillianter Streich ist die *retorsio argumenti*: wenn das Argument, das er für sich gebrauchen will, besser gegen ihn gebraucht werden kann; z. B. er sagt: „es ist ein Kind, man muß ihm was zu gute halten“: *retorsio* “eben weil es ein Kind ist, muß man es züchtigen, damit es nicht verhärte in seinen bösen Angewohnheiten“.

Kunstgriff 27

Wird bei einem Argument der Gegner unerwartet böse, so muß man dieses Argument eifrig urgieren: nicht bloß weil es gut ist, ihn in Zorn zu versetzen, sondern weil zu vermuten ist, daß man die schwache Seite seines Gedankenganges berührt hat und ihm an dieser Stelle wohl noch mehr anzuhaben ist, als man vor der Hand selber sieht.

Kunstgriff 28

Dieser ist hauptsächlich anwendbar, wenn Gelehrte vor ungelehrten Zuhörern streiten. Wenn man kein *argumentum ad rem* hat und auch nicht einmal eines *ad hominem*, so macht man eines *ad auditores*, d. h. einen ungültigen Einwurf, dessen Ungültigkeit aber nur der Sachkundige einsieht; ein solcher ist der Gegner, aber die Hörer nicht: er wird also in ihren Augen geschlagen, zumal wenn der Einwurf seine Behauptung irgendwie in ein lächerliches Licht stellt: zum Lachen sind die Leute gleich bereit; und man hat die Lacher auf seiner Seite. Die Nichtigkeit des Einwurfs zu zeigen, müßte der Gegner eine lange Auseinandersetzung machen und auf die Prinzipien der Wissenschaft oder sonstige Angelegenheit zurückgehn: dazu findet er nicht leicht Gehör.

Exempel. Der Gegner sagt: bei der Bildung des Urgebirgs, war die Masse, aus welcher der Granit und alles übrige Urgebirg krystallisierte flüssig durch Wärme, also geschmolzen: die Wärme mußte etwa 200° R sein: die Masse kristallisierte unter der sie bedeckenden Meeresfläche. – Wir machen das *argumentum ad auditores*, daß bei jener Temperatur, ja schon lange vorher bei 80°, das Meer längst verkocht wäre und in der Luft schwebte als Dunst. – Die Zuhörer lachen. Um uns zu schlagen, hätte er zu zeigen, daß der Siedepunkt nicht allein von dem Wärmegrad, sondern eben so sehr vom Druck der Atmosphäre abhängt: und dieser, sobald etwa das halbe Meereswasser in Dunstgestalt schwebt, sosehr erhöht ist, daß auch bei 200° R noch kein Kochen stattfindet. – Aber dazu kommt er nicht, da es bei Nichtphysikern einer Abhandlung bedarf. –

Kunstgriff 29

Merkt man, daß man geschlagen wird, so macht man *eine Diversion*: d. h. fängt mit einem Male von etwas ganz anderm an, als gehörte es zur Sache und wäre ein Argument gegen den Gegner. Dies geschieht mit einiger Bescheidenheit, wenn die Diversion doch noch überhaupt das *thema quaestionis* betrifft; unverschämt, wenn es bloß den Gegner angeht und gar nicht von der Sache redet.

Z. B. Ich lobte, daß in China kein Geburtsadel sei und die Ämter nur in Folge von *examina* erteilt werden. Mein Gegner behauptete, daß Gelehrsamkeit eben so wenig als Vorzüge der Geburt (von denen er etwas hielt) zu Ämtern fähig machte. – Nun ging es für ihn schief. Sogleich machte er die Diversion, daß in China alle Stände mit der Bastonade gestraft werden, welches er mit dem vielen Teetrinken in Verbindung brachte und beides den Chinesen zum Vorwurf machte. – Wer nun gleich auf alles sich einließe, würde sich dadurch haben ableiten lassen und den schon errungenen Sieg aus den Händen gelassen haben.

Unverschämt ist die Diversion, wenn sie die Sache *quaestionis* ganz und gar verläßt, und etwa anhebt: „ja, und so behaupteten Sie neulich ebenfalls etc.“ Denn da gehört sie gewissermaßen zum „Persönlichwerden“, davon in dem letzten Kunstgriff die Rede sein wird. Sie ist genau genommen eine Mittelstufe zwischen dem daselbst zu erörternden *argumentum ad personam* und dem *argumentum ad hominem*.

Wie sehr gleichsam angeboren dieser Kunstgriff sei, zeigt jeder Zank zwischen gemeinen Leuten: wenn nämlich Einer dem Andern persönliche Vorwürfe macht, so antwortet dieser nicht etwa durch Widerlegung derselben, sondern durch persönliche *Vorwürfe*, die *er* dem Ersten macht, die ihm selbst gemachten stehn lassend, also gleichsam zugebend. Er macht es wie Scipio, der die Karthager nicht in Italien, sondern in Afrika angriff. Im Kriege mag solche Diversion zu Zeiten taugen. Im Zanken ist sie schlecht, weil man die empfangnen Vorwürfe stehn läßt, und der Zuhörer alles Schlechte von beiden Parteien erfährt. Im Disputieren ist sie *faute de mieux* gebräuchlich.

Kunstgriff 30

Das *argumentum ad verecundiam*. Statt der Gründe brauche man Autoritäten nach Maßgabe der Kenntnisse des Gegners.

Unusquisque mavult credere quam judicare: sagt *Seneca*; man hat also leichtes Spiel, wenn man eine Autorität für sich hat, die der Gegner respektiert. Es wird aber für ihn desto mehr gültige Autoritäten geben, je beschränkter seine Kenntnisse und Fähigkeiten sind. Sind etwa diese vom ersten Rang, so wird es höchst wenige und fast gar keine Autoritäten für ihn geben. Allenfalls wird er die der Leute vom Fach in einer ihm wenig oder gar nicht bekannten Wissenschaft, Kunst, oder Handwerk gelten lassen: und auch diese mit Mißtrauen. Hingegen haben die gewöhnlichen Leute tiefen Respekt für die Leute vom Fach jeder Art. Sie wissen nicht, daß wer Profession von der Sache macht, nicht die Sache liebt, sondern seinen Erwerb: – noch daß wer eine Sache lehrt, sie selten gründlich weiß, denn wer sie gründlich studiert, dem bleibt meistens keine Zeit zum Lehren übrig. Allein für das *Vulgus* gibt es gar viele Autoritäten die Respekt finden: hat man daher keine ganz passende, so nehme man eine scheinbar passende, führe an, was Einer in einem andern Sinn, oder in andern Verhältnissen gesagt hat. Autoritäten, die der Gegner gar nicht versteht, wirken meistens am meisten. Ungelehrte haben einen eignen Respekt vor griechischen und lateinischen Floskeln. Auch kann man die Autoritäten nötigenfalls nicht bloß verdrehen, sondern gradezu verfälschen, oder gar welche anführen, die ganz aus eigner Erfindung sind: meistens hat er das Buch nicht zur Hand und weiß es auch nicht zu handhaben. Das schönste Beispiel hiezu gibt der Französische Curé, der, um nicht, wie die andern Bürger mußten, die Straße vor seinem Hause zu pflastern, einen Biblischen Spruch anführte: *paveant illi, ego non pavebo*. Das überzeugte die Gemeinde-Vorsteher. Auch sind *allgemeine Vorurteile* als Autoritäten zu gebrauchen. Denn die meisten denken mit Aristoteles ἁ μεν πολλοῖς δοκεῖ ταῦτά γε εἶναι φαμέν: ja, es gibt keine noch so absurde Meinung, die die Menschen nicht leicht zu der ihrigen machten, sobald man es dahin gebracht hat, sie zu überreden, daß solche *allgemein angenommen* sei. Das Beispiel wirkt auf ihr Denken, wie auf ihr Tun. Sie sind Schafe, die dem Leithammel nachgehn, wohin er auch führt: es ist ihnen leichter zu sterben als zu denken. Es ist sehr seltsam, daß die Allgemeinheit einer Meinung so viel Gewicht bei ihnen hat, da sie doch an sich selbst sehn können, wie ganz ohne Urteil und bloß kraft des Beispiels man Meinungen annimmt. Aber das sehn sie nicht, weil alle Selbstkenntnis ihnen abgeht. – Nur die Auserlesenen sagen mit Plato τοῖσ πολλοῖς πολλὰ δοκεῖ, d. h. das *Vulgus* hat viele Flausen im Kopfe, und wollte man sich daran kehren, hätte man viel zu tun.

Die Allgemeinheit einer Meinung ist, im Ernst geredet, kein Beweis, ja nicht einmal ein Wahrscheinlichkeitsgrund ihrer Richtigkeit. Die, welche es behaupten, müssen annehmen 1. daß die Entfernung in der *Zeit* jener

Allgemeinheit ihre Beweiskraft raubt: sonst müßten sie alle alten Irrtümer zurückrufen, die einmal allgemein für Wahrheiten galten: z. B. das Ptolemäische System, oder in allen protestantischen Länder den Katholizismus herstellen; 2. daß die Entfernung im *Raum* dasselbe leistet: sonst wird sie die Allgemeinheit der Meinung in den Bekennern des Buddhaismus, des Christentums, und des Islams in Verlegenheit setzen. (Nach *Bentham, Tactique des assemblées législatives*, Bd. II, S. 76.)

Was man so *die allgemeine Meinung* nennt, ist, beim Lichte betrachtet, die Meinung Zweier oder Dreier Personen; und davon würden wir uns überzeugen, wenn wir der Entstehungsart so einer allgemeingültigen Meinung zusehn könnten. Wir würden dann finden, daß Zwei oder Drei Leute es sind, die solche zuerst annahmen oder aufstellten und behaupteten, und denen man so gütig war zuzutrauen, daß sie solche recht gründlich geprüft hätten: auf das Vorurteil der hinlänglichen Fähigkeit dieser nahmen zuerst einige Andre die Meinung ebenfalls an; diesen wiederum glaubten Viele andre, deren Trägheit ihnen anriet, lieber gleich zu glauben, als erst mühsam zu prüfen. So wuchs von Tag zu Tag die Zahl solcher trägen und leichtgläubigen Anhänger: denn hatte die Meinung erst eine gute Anzahl Stimmen für sich, so schrieben die Folgenden dies dem zu, daß sie solche nur durch die Triftigkeit ihrer Gründe hätte erlangen können. Die noch Übrigen waren jetzt genötigt gelten zu lassen, was allgemein galt, um nicht für unruhige Köpfe zu gelten, die sich gegen allgemeingültige Meinungen auflehnten, und naseweise Bursche, die klüger sein wollten als alle Welt. Jetzt wurde die Beistimmung zur Pflicht. Nunmehr müssen die Wenigen, welche zu urteilen fähig sind, schweigen: und die da reden dürfen, sind solche, welche völlig unfähig eigne Meinungen und eignes Urteil zu haben, das bloße Echo fremder Meinung sind; jedoch sind sie desto eifrigere und unduldsamere Verteidiger derselben. Denn sie hassen am Andersdenkenden nicht sowohl die andre Meinung, zu der er sich bekennt, als die Vermessenheit, selbst urteilen zu wollen; was sie ja doch selbst nie unternehmen und im Stillen sich dessen bewußt sind. – Kurzum, Denken können sehr Wenige, aber Meinungen wollen Alle haben: was bleibt da anderes übrig, als daß sie solche, statt sie sich selber zu machen, ganz fertig von Andern aufnehmen? – Da es so zugeht, was gilt noch die Stimme von hundert Millionen Menschen? – So viel wie etwa ein historisches Faktum, das man in hundert Geschichtsschreibern findet, dann aber nachweist, daß sie alle einer den andern ausgeschrieben haben, wodurch zuletzt alles auf die Aussage eines Einzigen zurückläuft. (Nach *Bayle, Pensées sur les Comètes*, Bd. I, S. 10.)

„Dico ego, tu dicis, sed denique dixit et ille:

Dictaque post toties, nil nisi dicta vides."

Nichtsdestoweniger kann man im Streit mit gewöhnlichen Leuten die allgemeine Meinung als Autorität gebrauchen.

Überhaupt wird man finden, daß wenn zwei gewöhnliche Köpfe mit einander streiten, meistens die gemeinsam von ihnen erwählte Waffe Autoritäten sind: damit schlagen sie aufeinander los. – Hat der bessere Kopf mit einem solchen zu tun, so ist das Rätlichste, daß er sich auch zu dieser Waffe bequeme, sie auslesend nach Maßgabe der Blößen seines Gegners. Denn gegen die

Waffe der Gründe ist dieser, *ex hypothesi,* ein gehörnter Siegfried, eingetaucht in die Flut der Unfähigkeit zu denken und zu urteilen.

Vor Gericht wird eigentlich nur mit Autoritäten gestritten, die Autorität der Gesetze, die fest steht: das Geschäft der Urteilskraft ist das Auffinden des Gesetzes, d. h. der Autorität, die im gegebenen Fall Anwendung findet. Die Dialektik hat aber Spielraum genug, indem, erforderlichen Falls, der Fall und ein Gesetz, die nicht eigentlich zu einander passen, gedreht werden, bis man sie für zu einander passend ansieht: auch umgekehrt.

Kunstgriff 31

Wo man gegen die dargelegten Gründe des Gegners nichts vorzubringen weiß, erkläre man sich mit feiner

Ironie für inkompetent: „Was Sie da sagen, übersteigt meine schwache Fassungskraft: es mag sehr richtig sein; allein ich kann es nicht verstehn, und begebe mich alles Urteils.“ – Dadurch insinuiert man den Zuhörern, bei denen man in Ansehn steht, daß es Unsinn ist. So erklärten beim Erscheinen der *Kritik der reinen Vernunft* oder vielmehr beim Anfang ihres erregten Aufsehns viele Professoren von der alten eklektischen Schule „wir verstehn das nicht“, und glaubten sie dadurch abgetan zu haben. – Als aber einige Anhänger der neuen Schule ihnen zeigten, daß sie Recht hätten und es wirklich nur nicht verstanden, wurden sie sehr übler Laune.

Man darf den Kunstgriff nur da brauchen, wo man sicher ist, bei den Zuhörern in entschieden höherm Ansehn zu stehn als der Gegner: z. B. ein Professor gegen einen Studenten. Eigentlich gehört dies zum vorigen Kunstgriff und ist ein Geltendmachen der *eignen Autorität*, statt der Gründe, auf besonders maliziöse Weise. – Der Gegenstreich ist: „Erlauben Sie, bei Ihrer großen Penetration, muß es Ihnen ein leichtes sein, es zu verstehn, und kann nur meine schlechte Darstellung Schuld sein", – und nun ihm die Sache so ins Maul schmieren, daß er sie *nolens volens* verstehn muß und klar wird, daß er sie vorhin wirklich nur nicht verstand. – So ist's retorquiert: er wollte uns „Unsinn" insinuieren; wir haben ihm „Unverstand" bewiesen. Beides mit schönster Höflichkeit.

Kunstgriff 32

Eine uns entgegenstehende Behauptung des Gegners können wir auf eine kurze Weise dadurch beseitigen oder wenigstens verdächtig machen, daß wir sie unter eine verhaßte Kategorie bringen, wenn sie auch nur durch eine Ähnlichkeit oder sonst lose mit ihr zusammenhängt: z. B. „das ist Manichäismus, das ist Arianismus; das ist Pelagianismus; das ist Idealismus; das ist Spinozismus; das ist Pantheismus; das ist Brownianismus; das ist Naturalismus; das ist Atheismus; das ist Rationalismus; das ist Spiritualismus; das ist Mystizismus; usw." – Wir nehmen dabei zweierlei an: 1. daß jene Behauptung wirklich identisch oder wenigstens enthalten sei in jener Kategorie, rufen also aus: oh, das kennen wir schon! – und 2. daß diese Kategorie schon ganz widerlegt sei und kein wahres Wort enthalten könne.

Kunstgriff 33

„Das mag in der Theorie richtig sein; in der Praxis ist es falsch." – Durch dieses Sophisma gibt man die Gründe zu und leugnet doch die Folgen; im Widerspruch mit der Regel *a ratione ad rationatum valet consequentia.* – Jene Behauptung setzt eine Unmöglichkeit: was in der Theorie richtig ist, *muß* auch in der Praxis zutreffen; trifft es nicht zu, so liegt ein Fehler in der Theorie, irgend etwas ist übersehn und nicht in Anschlag gebracht worden, folglich ist's auch in der Theorie falsch.

Kunstgriff 34

Wenn der Gegner auf eine Frage oder Argument keine direkte Antwort oder Bescheid gibt, sondern durch eine Gegenfrage, oder eine indirekte Antwort, oder gar etwas nicht zur Sache Gehöriges ausweicht und wo anders hinwill, so ist dies ein sicheres Zeichen, daß wir (bisweilen ohne es zu wissen) auf einen faulen Fleck getroffen haben: es ist ein *relatives* Verstummen seinerseits. Der von uns angeregte Punkt ist also zu urgieren und der Gegner nicht vom Fleck zu lassen; selbst dann, wann wir noch nicht sehn, worin eigentlich die Schwäche besteht, die wir hier getroffen haben.

Kunstgriff 35

Der sobald er praktikabel ist, alle übrigen entbehrlich macht: statt durch Gründe auf den Intellekt, wirke man durch Motive auf den Willen, und der Gegner, wie auch die Zuhörer, wenn sie gleiches Interesse mit ihm haben, sind sogleich für unsre Meinung gewonnen, und wäre diese aus dem Tollhause geborgt: denn meistens wiegt ein Lot Wille mehr als ein Zentner Einsicht und Überzeugung. Freilich geht dies nur unter besondern Umständen an. Kann man dem Gegner fühlbar machen, daß seine Meinung, wenn sie gültig würde, seinem Interesse merklichen Abbruch täte, so wird er sie so schnell fahren lassen, wie ein heißes Eisen, das er unvorsichtigerweise ergriffen hatte. Z. B. ein Geistlicher verteidigt ein philosophisches Dogma: man gebe ihm zu vermerken, daß es mittelbar mit einem Grunddogma seiner Kirche in Widerspruch steht, und er wird es fahren lassen.

Ein Gutsbesitzer behauptet die Vortrefflichkeit des Maschinenwesens in England, wo eine Dampfmaschine vieler Menschen Arbeit tut: man gebe ihm zu verstehn, daß bald auch die Wagen durch Dampfmaschinen gezogen werden, wo denn die Pferde seiner zahlreichen Stuterei sehr im Preise sinken müssen; und man wird sehn. In solchen Fällen ist das Gefühl eines jeden in der Regel: *“quam temere in nosmet legem sancimus iniquam.“*

Eben so, wenn die Zuhörer mit uns zu *einer* Sekte, Gilde, Gewerbe, Klub usw. gehören, der Gegner aber nicht. Seine These sei noch so richtig; sobald wir nur andeuten, daß solche dem gemeinsamen Interesse besagter Gilde usw. zuwiderläuft, so werden alle Zuhörer die Argumente des Gegners, seien sie auch vortrefflich, schwach und erbärmlich, unsre dagegen, und wären sie aus der Luft gegriffen, richtig und treffend finden, der Chor wird laut für uns sich vernehmen lassen, und der Gegner wird beschämt das Feld räumen. Ja die Zuhörer werden meistens glauben aus reiner Überzeugung gestimmt zu haben. Denn was uns unvorteilhaft ist, erscheint meistens dem Intellekt absurd. *Intellectus luminis sicci non est recipit infusionem a voluntate et affectibus*. Dieser Kunstgriff könnte so bezeichnet werden „den Baum bei der Wurzel anfassen“: gewöhnlich heißt er das *argumentum ab utili.*

Kunstgriff 36

Den Gegner durch sinnlosen Wortschwall verdutzen, verblüffen. Es beruht darauf, daß

„Gewöhnlich glaubt der Mensch, wenn er nur Worte hört,
Es müsse sich dabei doch auch was denken lassen.“

Wenn er nun sich seiner eignen Schwäche im Stillen bewußt ist, wenn er gewohnt ist, mancherlei zu hören, was er nicht versteht, und doch dabei zu tun, als verstände er es; so kann man ihm dadurch imponieren, daß man ihm einen gelehrt oder tiefsinnig klingenden Unsinn, bei dem ihm Hören, Sehn und Denken vergeht, mit ernsthafter

Miene vorschwatzt, und solches für den unbestreitbarsten Beweis seiner eignen Thesis ausgibt. Bekanntlich haben in neuern Zeiten, selbst dem ganzen Deutschen Publikum gegenüber, einige Philosophen diesen Kunstgriff mit dem brilliantesten Erfolg angewandt. Weil aber *exempla odiosa* sind, wollen wir ein älteres Beispiel nehmen aus *Goldsmith, Vicar of Wakefield,* Kap. 7.

Kunstgriff 37

(der einer der ersten sein sollte). Wenn der Gegner auch in der Sache Recht hat, allein glücklicherweise für selbige einen schlechten Beweis wählt, so gelingt es uns leicht diesen Beweis zu widerlegen, und nun geben wir dies für eine Widerlegung der Sache aus. Im Grunde läuft dies darauf zurück, daß wir ein *argumentum ad hominem* für eines *ad rem* ausgeben. Fällt ihm oder den Umstehenden kein richtigerer Beweis bei, so haben wir gesiegt. – Z. B. wenn Einer für das Dasein Gottes den ontologischen Beweis aufstellt, der sehr wohl widerlegbar ist. Dies ist der Weg, auf welchem schlechte Advokaten eine gute Sache verlieren: wollen sie durch ein Gesetz rechtfertigen, das darauf nicht paßt, und das passende fällt ihnen nicht ein.

Letzter Kunstgriff

Wenn man merkt, daß der Gegner überlegen ist und man Unrecht behalten wird, so werde man persönlich, beleidigend, grob. Das Persönlichwerden besteht darin, daß man von dem Gegenstand des Streites (weil man da verlornes Spiel hat) abgeht auf den Streitenden und seine Person irgend wie angreift: man könnte es nennen *argumentum ad personam*, zum Unterschied vom *argumentum ad hominem*: dieses geht vom rein objektiven Gegenstand ab, um sich an das zu halten, was der Gegner darüber gesagt oder zugegeben hat. Beim Persönlichwerden aber verläßt man den Gegenstand ganz, und richtet seinen Angriff auf die Person des Gegners: man wird also kränkend, hämisch, beleidigend, grob. Es ist eine Appellation von den Kräften des Geistes an die des Leibes, oder an die Tierheit. Diese Regel ist sehr beliebt, weil jeder zur Ausführung tauglich ist, und wird daher häufig angewandt. Nun frägt sich, welche Gegenregel hiebei für den andern Teil gilt. Denn will er dieselbe gebrauchen, so wirds eine Prügelei oder ein Duell oder ein Injurienprozeß.

Man würde sich sehr irren, wenn man meint, es sei hinreichend, selbst nicht persönlich zu werden. Denn dadurch, daß man Einem ganz gelassen zeigt, daß er Unrecht hat und also falsch urteilt und denkt, was bei jedem dialektischen Sieg der Fall ist, erbittert man ihn mehr als durch einen groben, beleidigenden Ausdruck. Warum? Weil wie Hobbes *de Cive*, Kap. 1, sagt: *Omnis animi voluptas, omnisque alacritas in eo sita est, quod quis habeat, quibuscum conferens se, possit magnifice sentire de seipso.* – Dem Menschen geht nichts über die Befriedigung seiner Eitelkeit und keine Wunde schmerzt mehr als die, die dieser geschlagen wird. (Daraus stammen Redensarten wie „die Ehre gilt mehr als das Leben" usw.) Diese Befriedigung der Eitelkeit entsteht hauptsächlich aus der Vergleichung Seiner mit Andern, in jeder Beziehung, aber hauptsächlich in Beziehung auf die Geisteskräfte. Diese eben geschieht *effective* und sehr stark beim Disputieren. Daher die Erbitterung des Besiegten, ohne daß ihm Unrecht widerfahren, und daher sein Greifen zum letzten Mittel, diesem letzten Kunstgriff: dem man nicht entgehen kann durch bloße Höflichkeit seinerseits. Große

Kaltblütigkeit kann jedoch auch hier aushelfen, wenn man nämlich, sobald der Gegner persönlich wird, ruhig antwortet, das gehöre nicht zur Sache, und sogleich auf diese zurücklehnt und fortfährt, ihm hier sein Unrecht zu beweisen, ohne seiner Beleidigungen zu achten, also gleichsam wie Themistokles zum Eurybiades sagt: πάταξον μέν, άκουσον δέ. Das ist aber nicht jedem gegeben.

Die einzig sichere Gegenregel ist daher die, welche schon Aristoteles im letzten Kapitel der *Topica* gibt: Nicht mit dem Ersten dem Besten zu disputieren; sondern allein mit solchen, die man kennt, und von denen man weiß, daß sie Verstand genug haben, nicht gar zu Absurdes vorzubringen und dadurch beschämt werden zu müssen; und um mit Gründen zu disputieren und nicht mit Machtsprüchen, und um auf Gründe zu hören und darauf einzugehn; und endlich, daß sie die Wahrheit schätzen, gute Gründe gern hören, auch aus dem Munde des Gegners, und Billigkeit genug haben, um es ertragen zu können, Unrecht zu behalten, wenn die Wahrheit auf der andern Seite liegt. Daraus folgt, daß unter Hundert kaum Einer ist, der wert ist, daß man mit ihm disputiert. Die Übrigen lasse man reden, was sie wollen, denn *desipere est juris gentium*, und man bedenke, was Voltaire sagt: *La paix vaut encore mieux que la vérité*; und ein arabischer Spruch ist: „Am Baume des Schweigens hängt seine Frucht der Friede."

Das Disputieren ist als Reibung der Köpfe allerdings oft von gegenseitigem Nutzen, zur Berichtigung der eignen Gedanken und auch zur Erzeugung neuer Ansichten. Allein beide Disputanten müssen an Gelehrsamkeit und an Geist ziemlich gleichstehn. Fehlt es Einem an der ersten, so versteht er nicht Alles, ist nicht *au niveau*. Fehlt es ihm am zweiten, so wird die dadurch herbeigeführte Erbitterung ihn zu Unredlichkeiten und Kniffen zu Grobheit verleiten.

Zwischen der Disputation *in colloquio privato sive familiari* und der *disputatio sollemnis publica, pro gradu* usw. ist kein wesentlicher Unterschied. Bloß etwa, daß bei letzterer gefordert wird, daß der *Respondens* allemal gegen den *Opponens* Recht behalten soll und deshalb nötigenfalls der *praeses* ihm beispringt; – oder auch daß man bei letzterer mehr förmlich argumentiert, seine Argumente gern in die strenge Schlußform kleidet.

I.

Logik und Dialektik wurden schon von den Alten als Synonyme gebraucht, obgleich λογίζεσθαι, überdenken, überlegen, berechnen, und διαλέγεσθαι, sich unterreden, zwei sehr verschiedene Dinge sind. Den Namen *Dialektik* (διαλεκτική, διαλεκτικὴ πραγματεία, διαλεκτικὸς ανήρ) hat (wie Diogenes Laertius berichtet) *Plato* zuerst gebraucht: und wir finden, daß er im *Phädrus, Sophista, Republik* Buch VII usw. den regelmäßigen Gebrauch der Vernunft, und das Geübtsein in selbigem darunter versteht. *Aristoteles* braucht τὰ διαλεκτικά im selben Sinne; er soll aber (nach Laurentius Valla) zuerst λογική im selben Sinne gebraucht haben: wir finden bei ihm λογικὰς δυσχερείας, *i. e. argutias*, πρότασιν λογικήν, απορίαν λογικήν. – Demnach wäre διαλεκτική älter als λογική. Cicero und Quintilian brauchen in derselben allgemeinen Bedeutung *Dialectica* und *Logica*. *Cicero in Lucullo: Dialecticam inventam esse, veri et falsi quasi disceptatricem. – Stoici enim judicandi vias diligenter persecuti sunt, ea scientia, quam Dialecticen appellant, Cicero, Topica*, Kap. 2. – Quintilian: *itaque haec pars dialecticae, sive illam disputatricem dicere malimus*: letzteres scheint ihm also das lateinische Äquivalent von διαλεκτική. (So weit nach *Petri Rami dialectica, Audomari Talaei praelectionibus illustrata*, 1569.) Dieser Gebrauch der Worte *Logik* und *Dialektik* als Synonyme hat sich auch im Mittelalter und der neuern Zeit, bis heute, erhalten. Jedoch hat man in neuerer Zeit, besonders Kant, „Dialektik" öfter in einem schlimmern Sinne gebraucht als „sophistische Disputierkunst", und daher die Benennung „Logik" als unschuldiger vorgezogen. Jedoch bedeutet beides von Haus aus dasselbe und in den letzten Jahren hat man sie auch wieder als synonym angesehn.

II.

Es ist Schade, daß *“Dialektik“* und *“Logik“* von Alters her als Synonyme gebraucht sind, und es mir daher nicht recht frei steht, ihre Bedeutung zu sondern, wie ich sonst möchte, und *“Logik“* (von λογίζεσθαι, überdenken, überrechnen, – von λόγος, Wort und Vernunft, die unzertrennlich sind) zu *definieren*, „die Wissenschaft von den Gesetzen des Denkens, d. h. von der Verfahrungsart der Vernunft“ – und *“Dialektik“* (von διαλέγεσθαι, sich unterreden: jede Unterredung teilt aber entweder Tatsachen oder Meinungen mit: d. h. ist historisch, oder deliberativ), „die Kunst zu disputieren“ (dies Wort im modernen Sinne). – Offenbar hat dann die Logik einen rein *apriori*, ohne empirische Beimischung bestimmbaren Gegenstand, die Gesetze des Denkens, das Verfahren der *Vernunft* (des λόγος), welches diese, sich selber überlassen, und ungestört, also beim einsamen Denken eines vernünftigen Wesens, welches durch nichts irregeführt würde, befolgt. *Dialektik* hingegen würde handeln von der Gemeinschaft *zweier* vernünftiger Wesen, die folglich zusammen denken, woraus sobald sie nicht wie zwei gleichgehende Uhren übereinstimmen, eine Disputation, d. i. ein geistiger Kampf wird. Als *reine Vernunft* müßten beide Individuen übereinstimmen. Ihre Abweichungen entspringen aus der Verschiedenheit, die der Individualität wesentlich ist, sind also ein *empirisches Element*. *Logik*, Wissenschaft des Denkens, d. i. des Verfahrens der reinen Vernunft, wäre also rein *apriori* konstruierbar; *Dialektik* großen Teils nur *a posteriori* aus der Erfahrungserkenntnis von den Störungen, die das reine Denken durch die Verschiedenheit der Individualität beim

Zusammendenken zweier Vernünftiger Wesen erleidet, und von den Mitteln, welche Individuen gegeneinander gebrauchen, um jeder sein individuelles Denken, als das reine und objektive geltend zu machen. Denn die menschliche Natur bringt es mit sich, daß wenn beim gemeinsamen Denken, διαλέγεσθαι, d. h. Mitteilen von Meinungen (historische Gespräche ausgeschlossen) A erfährt, daß B's Gedanken über denselben Gegenstand von seinen eigenen abweichen, er nicht zuerst sein eignes Denken revidiert, um den Fehler zu finden, sondern diesen im fremden Denken voraussetzt: d. h. der Mensch ist von Natur *rechthaberisch*; und was aus dieser Eigenschaft folgt, lehrt die Disziplin, die ich *Dialektik* nennen möchte, jedoch um Mißverstand zu vermeiden, *"Eristische Dialektik"* nenne will. Sie wäre demnach die Lehre vom Verfahren der dem Menschen natürlichen Rechthaberei.